Novena para quem quer vencer na vida

Felipe G. Alves

Novena para quem quer vencer na vida

EDITORA
VOZES

Petrópolis

© 2011, Editora Vozes Ltda.
Rua Frei Luís, 100
25689-900 Petrópolis, RJ
www.vozes.com.br
Brasil

2ª edição, 2015.

Todos os direitos reservados. Nenhuma parte desta obra poderá ser reproduzida ou transmitida por qualquer forma e/ou quaisquer meios (eletrônico ou mecânico, incluindo fotocópia e gravação) ou arquivada em qualquer sistema ou banco de dados sem permissão escrita da editora.

Diretor editorial
Frei Antônio Moser

Editores
Aline dos Santos Carneiro
José Maria da Silva
Lídio Peretti
Marilac Loraine Oleniki

Secretário executivo
João Batista Kreuch

Editoração: Fernando Sergio Olivetti da Rocha
Diagramação: AG.SR Desenv. Gráfico
Capa: Omar Santos

ISBN 978-85-326-4074-1

Editado conforme o novo acordo ortográfico.

Este livro foi composto e impresso pela Editora Vozes Ltda.
Rua Frei Luís, 100 – Petrópolis, RJ – Brasil – CEP 25689-900
Caixa Postal 90023 – Tel.: (24) 2233-9000
Fax: (24) 2231-4676

Introdução

Quanta gente vive lutando para superar mil problemas e não está conseguindo! Alguém, dominado pelo desânimo ou pela depressão, vive a repetir: "Nada dá certo em minha vida". E, assim, os seus dias vão se tornando mais e mais sombrios.

Então, o que fazer para vencer tudo isso? Agarrar-se em Deus, verdadeira fonte de energia, sempre a lhe repetir: "Seja forte e corajoso! Não se apavore nem desanime, pois o Senhor, o seu Deus, estará com você por onde você andar" (Js 1,9).

No entanto, não pense que toda essa beleza vai cair, de repente, prontinha do céu, sem mais nem menos! A gente também tem que fazer alguma coisa para que a graça divina venha acontecer.

Fazer o quê? Usar da força dessa NOVENA. Ela tem o poder de levar você a mudar a mentalidade negativa e pessimista, pois ela se baseia na força da **meditação e das orações**, feitas durante nove dias. Ela vai ensinar estratégias mentais para galgar os degraus da plena alegria de uma vitória total. Esta novena vai insistir na palavra de Deus e em exercícios que vão levar você a descobrir sementes que já se encontram em seu coração, prontas para germinar e lhe oferecer todos os frutos que vive a procurar.

1º dia – Bom Pai, por favor, livre-me da ansiedade!

Oração inicial (veja no início da novena)

Você: Bom Pai, tenha misericórdia de mim, porque a ansiedade estrangula a minha alma! Não aguento essa angústia que me rouba toda a minha energia.

Palavra do bom Pai: Ó meu filho, por favor, por que ansiedade, se realmente você tem fé? Não acredita você que sou eu quem tem o controle de tudo? Se você tirar os olhos de mim e só fixá-los nos problemas, a ansiedade vai tomar conta de sua vida. Lembre-se das palavras de meu Filho: Não se inquietem, dizendo: "O que vamos comer? O que vamos beber? Com que vamos nos vestir?" Seu Pai celeste sabe que necessitam de todas essas coisas. Busquem, pois, em primeiro lugar, o seu reino e a sua justiça e tudo isso lhes será acrescentado. (cf. Mt 6,31-33).

Você: Bom Pai, se tudo isso é verdade, por que então essa agonia escolheu o meu coração para vir me atrapalhar?

Palavra do bom Pai: Sabia que a raiz da ansiedade se firma em mágoas guardadas no interior, devido a decepções causadas por outras pessoas? Que tal curar todos os seus ressentimentos, descobrindo as boas qualidades das pessoas que o decepcionaram?

Você: Depois de encontrar as boas qualidades de tais pessoas o que mais devo eu fazer?

Palavra do bom Pai: Sabendo que eu cuido de você como também de todos que o ofenderam, por que não desenvolver a oração de louvor e de agradecimento? O que ensina a Carta aos Efésios? Não é para dar sempre graças por todas as coisas? Por que então louvar e agradecer só quando tudo corre às mil maravilhas se "tudo se transforma em bem para os que me amam" (cf. Rm 8,28)? Quando você, louvando, confiar totalmente em mim, aí você começará a pensar corretamente, pois as coisas acontecem do jeito que você pensa. Ao pensar coisas boas, sucesso e mais sucesso você vai colher.

Você: *Momento de silêncio para pôr em prática tudo o que você acabou de aprender. Descanse no bom Pai e comece a louvá-lo por tudo de bom que há em você! Louve o bom Pai também pelas boas qualidades que ele colocou no coração das pessoas que o feriram. Assim, seu coração vai transbordar de harmonia e de muita segurança.*

Oração final (veja no final da novena)

2º dia – Estratégia para que tudo dê certo em sua vida: livre-se do complexo de inferioridade!

Oração inicial (veja no início da novena)

Você: "Ó bom Pai, volte-se para mim; tenha piedade de mim, pois estou solitário e infeliz! Alivie as angústias do meu coração; tire-me das minhas aflições!" (Sl 25,16-17).

Palavra do bom Pai: Filho, não fique alarmado por estar cercado de problemas! Problemas sempre vão existir, sejam provindos das fraquezas dos que vivem ao seu redor, sejam provindos de estruturas enferrujadas pelo pecado. Não se perturbe, pois eu estou perto de você para derrubar todas essas cercas. Você mesmo vai descobrir como superar certos complexos para viver livre como o vento que sopra sobre as campinas floridas e perfumadas.

Você: Bom Pai, eu confio em seu amor e em seu poder. De baixo de suas asas tenho que vencer todos os medos e temores que vivem me afligindo.

Palavra do bom Pai: Primeiramente, você vai descobrir o sentido e a razão de seu viver, pois antes de você existir eu já o conhecia inteiramente, por dentro e por fora. Fui eu que planejei a maravilha de seu cérebro, dotado do poder de decisão. É por isso que você tem o privilégio de pensar e planejar sua vida e seu futuro.

Você: Começo a sentir que eu posso e devo crescer tanto no plano mental como no plano espiritual, acordando-me para o amor. Eu posso amar mais e todos serão mais felizes por causa de meu amor. Assim, serei útil para a minha família, para meus amigos, para o mundo todo.
Palavra do bom Pai: Então, tome a resolução de progredir sempre, lutando por isso todos os dias! Assim, sua vida vai ser mais encantada e mais alegre. Filho, lembre-se: Você, como ser humano, é a mais linda coisa que eu inventei. Então, vença seus complexos, venham eles de onde vierem!

Você: Bom Pai, o seu amor chega até o céu e a sua verdade chega até às nuvens. No Sr. se encontra a fonte da vida e, com a sua luz, nós vemos a luz (Sl 36,6.10).
Palavra do bom Pai: Descoberto o sentido de sua vida, que tal agora purificar seu inconsciente? Sei que você, desde criança, tem ouvido frases como estas: "não adianta; você não vai ser ninguém" – "você não vai conseguir" – "você é mesmo burro". E hoje, cada vez que você quer fazer

qualquer coisa grande e difícil, aquelas frases, armazenadas em seu interior, ressurgem, amordaçando seus sonhos. E assim vão brotando medos e derrotas. No entanto, eu quero lavar todo esse seu passado. Então, feche seus olhos e vá ouvindo as palavras que eu lhe dizia lá naquelas ocasiões em que pessoas o humilhavam: "Adianta sim, pois comigo você tudo pode" – "Você vai conseguir, pois eu estou com você" – "Eu estou feliz porque você é muito inteligente".

Você: (*Por uns minutos, com os olhos fechados, visualize o bom Pai curando o seu passado e destruindo todos os seus traumas!*)
Palavra do bom Pai: Que bom que você se deixa conduzir pelo meu Espírito! Você já percebeu que, quando você tenta fazer tudo da melhor maneira, as coisas começam a acontecer? Você está superando por completo os seus medos e o seu desânimo!

Você: Glória! Glória! Glória! "Tudo posso naquele que me conforta" (Fl 4,13).

Palavra do bom Pai: Descoberto o sentido de sua vida, livre-se das más influências e ria daquele do complexo de inferioridade! Por que ficar repetindo o falso refrão "não sou capaz"? Só porque alguém critica você? Ora, quem não é criticado? Se a crítica é falsa, alegre-se porque ela não o atingiu! Se a crítica é verdadeira, alegre-se porque alguém está lhe mostrando caminho diferente.

Você: Bom Pai, percebo que até a crítica dos outros irá me beneficiar, contanto que eu não exija de mim a perfeição absoluta. Decidido estou, com sua graça, vencer o desânimo.

Oração final (veja no final da novena)

3º dia – Estratégia para que tudo dê certo em sua vida: não viva se lamentando!

Oração inicial (veja no início da novena)

Palavra do bom Pai: Filho, você tem direito de ser otimista, uma vez que sou eu sua luz e sua salvação! Então, por favor, não viva espalhando reclamações por onde você passar! Como é importante ser otimista e olhar tudo com bons olhos, na certeza de que tudo vai melhorar!

Você: Como é bom ouvir essas coisas! Já percebi que ninguém gosta de quem vive se lamentando. Por que ver e comentar somente coisas tristes se o Sr. é minha rocha de salvação?

Palavra do bom Pai: Mas você precisa aprender mais: Você está percebendo que a vida de quem vive a se lamentar é muito mais difícil do que a vida de um cara positivo. Quando você se lamenta, suas palavras pesadas, tal qual um ímã, atraem negatividade. Não se esqueça de que tudo vai se transformar em bem para quem me ama, conforme eu lhe disse lá no primeiro dia. É a confiança em mim uma força tal que atrai tudo de bom sobre você mesmo.

Você: O Sr. está certo. Em vez de eu ficar murmurando, "lançarei sobre o Sr. as minhas preocupações porque o Sr. cuida de mim" (cf. 1Pd 5,7). Em vez de ficar afirmando "eu não consigo nada", vou falar o contrário, conforme me ensinou São Paulo em Fl 4,13: "Tudo posso naquele que me conforta".

Exercício para criar grande oportunidade de ter um modo de vida diferente: *Durante 3 dias não vou me queixar de minhas doenças nem de meus fracassos nem de meus problemas. Comentarei somente coisas positivas!*

Oração final (veja no final da novena)

4º dia – Estratégia para que tudo dê certo em sua vida: seja corajoso!

1. **Oração inicial** (veja no início da novena)

Palavra do bom Pai: Seja corajoso, vencendo seus medos e fobias! Com o espírito debilitado pelo temor, como poderá alguém ir para frente? Mas, qual a fonte do medo? Ele brota da incerteza. Como é importante vencer a incerteza do futuro, confiando em meu amor e investigando os caminhos certos, através de bom diálogo com quem tem maior experiência! Desta forma você conseguirá destruir a ansiedade, certo de que a vitória contra o medo será absoluta. Lembre-se sempre das palavras de meu Filho: "Coragem, pois eu venci o mundo" (Jo 16,33)!

Você: Tudo o que o Sr. fala é correto; mas, meu espírito continua sentindo a forte vontade de abandonar tudo. Minha cabeça rodopia, levada por sentimentos negativos.

Palavra do bom Pai: Como é desastrosa essa mania de se identificar com o fracasso, destruindo seus sonhos! Não se esqueça de que "eu resgatei você e o chamei pelo seu nome; você é meu. Visto que você é precioso aos meus olhos, eu o amei. Não tenha medo, pois, estou com você! Eu vou lhe ajudar" (cf. Is 43,1. 4-5).

Você: Bom Pai, quanto amor por mim, embora eu não o mereça! Sei que minha vida vai mudar por completo. Já começo a perceber quais os passos que eu devo dar.

Palavra do bom Pai: Conte comigo! No entanto, quero que você também faça alguma coisa. Quero que você dê pelo menos 3 passos, e o primeiro deles é: **Comece a agir!** Sempre que você se sentir hesitante, arregace as mangas e arrisque-se. Gente desanimada tem medo de começar. Gente corajosa conhece bem os riscos e continua agindo. – O segundo passo é: **Redescubra quem você é**, valorizando sua singularidade. Descubra em que você é diferente dos outros e se alegre com as vitórias conquistadas no passado e, por boa educação, agradeça-me os dons que eu lhe dei!

Exercício mental de alguns minutos: *Descubra alguns de seus sucessos do passado e entoe um hino de louvor!*

Você: Bom Pai, pode contar comigo! Serei forte, pois eu recebi um Espírito de fortaleza e não de temor. Assim, sem me curvar diante das dificuldades, serei como Davi. Ele, diante do gigante Golias, tremendamente armado, enfrentou-o, armado com apenas cinco pedras e uma atiradeira. Eu também estou convicto de que vou lutar em nome do Senhor dos Exércitos e não em meu próprio nome.

Palavra do bom Pai: Veja agora o terceiro passo: **Reparta com outras pessoas as bênçãos que eu reservei para você e para elas, através de um grande amor!** Estenda a mão para servir ao próximo e você começará a perceber o quanto você é importante para o mundo. Comece a animar os desalentados e abatidos! Transforme-se em voz positiva no meio de tanta gente pessimista.

Atividade para o dia de hoje: *Entre em contado com algum amigo, só para lhe dizer: "Oi! Sabe que Deus o ama? Sabe que eu o admiro muito". Elogie e anime essa pessoa.*

Você: Bom Pai, agora tenho certeza de que a coragem vai me abrir caminhos de luz. É o seu amor que me leva a me aproximar dos irmãos que sofrem, levando o seu alívio e a sua bênção. Amém.

Oração final (veja no final da novena)

5º dia – Estratégia para que tudo dê certo em sua vida: conserve a paz!

Oração inicial (veja no início da novena)

Palavra do bom Pai: Ó meu bem, como é grande meu amor por você! Apesar dos problemas, aquela paz já anunciada em Belém vai levar você cantar todos os dias: "Glória a Deus nas alturas e PAZ na terra aos homens por ele amados!" (Lc 2,14)

Você: E é essa a paz que vivo procurando e não a encontro. O que poderei eu fazer?

Palavra do bom Pai: Essa paz interior é fruto da prática do amor, da compaixão e da bondade. Como isso cria harmonia, felicidade e paz interior! Sem essas três virtudes é impossível viver o dia a dia de modo harmonioso.

Você: Mas, o que eu vou fazer se a raiva me assalta, levando-me a praticar coisas que só servem para depois me arrepender?

Palavra do bom Pai: Ora, controle-se em nome da simpatia que você tem pelos outros e a ira vai desaparecer porque você está cheio de misericórdia. Aprenda a se relaxar, cantarolando uma melodia gostosa ou repetindo breves orações! Continue plantando ternura no jardim de seu coração!

Você: É verdade. É por isso que São Tiago escreveu: "todo homem deve estar pronto para ouvir, lento para falar e tardo para se irritar" (Tg 1,19).

Palavras do bom Pai: O meu Filho sabia se calar na hora certa. O que falou Isaías 53,7 sobre Ele?

Você: "Maltratado, Ele se humilhava e não abria a boca; como cordeiro conduzido para o matadouro e como ovelha muda diante dos tosquiadores não abria a boca".

Palavra do bom Pai: O melhor mesmo é conservar a paz, assumindo as palavras dele: "Deixo-lhes a paz; eu lhes dou a minha paz. Não se perturbe o seu coração nem se intimide!" (cf. Jo 14,27). O que acontece quando a ira domina o coração? O corpo e a mente acabam se envenenando.

Você: Por favor, mostre-me alguém que realmente seguiu as palavras e o exemplo de Cristo.

Palavra do bom Pai: Dou-lhe o exemplo de São Francisco de Assis amansando o lobo de Gúbio e que via em cada criatura um irmão. "Com grande pureza, admoestava ao amor divino e exortava a generoso louvor os trigais e vinhas, pedras e bosques e todas as coisas belas dos campos, as nascentes das fontes e todo o verde dos jardins, a terra e o fogo, o ar e o vento" (1Cel. *Fontes Franciscanas e Clarianas*. Ed. Vozes).

Tarefa do dia: *Durante alguns minutos, permaneça em silêncio, respirando calma e profundamente e repetindo de quando em quando:* "Glória a Deus nas alturas e paz na terra aos homens por Ele amados!" (Lc 2,14)

Oração final: Senhor, faça-me instrumento de sua paz! Quero viver como São Francisco que fez as pazes com o universo inteiro, tratando todos como irmão. Na paz que estou sentindo, deixe-me louvá-lo com as próprias palavras dele: "O Sr. é nossa inefável doçura. O Sr. é eterna vida, ó grande e maravilhoso Deus, Senhor onipotente, misericordioso Redentor. Amém".

6º dia – Estratégia para que tudo dê certo em sua vida: viva o "aqui e agora"!

Oração inicial (veja no início da novena)

Palavra do bom Pai: Ó meu bem, uma vez que você é guardado debaixo de minhas asas, seu otimismo vem crescendo sempre mais. Coitado do preocupado! Por viver arrastando o passado e temendo o futuro, ele não sente nenhum prazer no tempo presente.

Você: Por isso nunca vou esquecer o que Jesus me disse no primeiro dia da novena: "Portanto, não se inquietem, dizendo: 'O que vamos comer? O que vamos beber? Com que vamos nos vestir?' Seu Pai celeste sabe que necessitam de tudo isso". (cf. Mt 6,31-33).
Palavra do bom Pai: Portanto, nada de preocupação, nem com o passado que já se foi nem com o futuro que ainda não existe!

Você: É isto mesmo. Triste era o tempo em que eu vivia reclamando! O que eu quero aprender mesmo é viver o "aqui e agora" de modo mais gostoso!

Palavra do bom Pai: Para tanto, o primeiro mandamento é amar a mim de verdade. O segundo é: Amar os seus irmãos, como a si mesmo. Terceiro: Renegue ser um prisioneiro do passado ou olhar o futuro como fantasia! Viva simplesmente o tempo presente no amor e no serviço aos irmãos! Viva o presente, assumindo o agora e planejando o futuro, usando o passado como experiência!

Você: Com alegria aceito suas sugestões e lhe agradeço o meu passado que foi degrau para viver melhor meu dia a dia. E, para um futuro melhor, gostaria de ouvir algum testemunho interessante.

Palavra do bom Pai: Veja que beleza a confiança do grande santo brasileiro, o Pe. Alderígi, que soube viver o dia presente de bem com a vida, amando todos os pobres de sua cidade. Cheio de amor, ele lhes permitia comprar em sua conta tudo o que necessitassem nas farmácias e nos mercados. Um dia, porém, sua governanta reclamou: "O Sr. dá tudo para os pobres e eu devo depois ir, de porta em porta, pedindo esmolas para pagar suas dívidas nas farmácias e armazéns". Aí, ele respondeu: "Zélia, abra as mãos! Não guarde nada! Deus dá. Deus dá" (Extraído do livro *Alderígi, Gigante com Olhos de Criança*, da Ed. Vozes). Realmente, eu nunca permiti que algo lhe faltasse. A exemplo dele, viva o "aqui e agora"! Viva-o antes que ele vá embora!

Exercício para fazer a confiança crescer mais e mais: *Feche os olhos e repita, calma e pausadamente, diversas vezes:* "O Deus que cuida até dos passarinhos, Ele é meu pai e Ele me ama. Por isso, tudo vai dar certo".

Oração final: (veja no final da novena)

7º dia – Estratégia para que tudo dê certo em sua vida: seja otimista!

Oração inicial (veja no início da novena)

Palavra do bom Pai: Filho, você tem direito de ser otimista, uma vez que sou um rochedo forte, uma fortaleza que o salva! Uma vez que eu sou todo-poderoso, pode crer que tudo que lhe acontece só poderá se transformar em coisa boa. Pena que o pessimista pensa tudo diferente: Para ele tudo está errado. Ora, se ele só sabe semear escuridão, apenas escuridão irá colher.

Você: Bom Pai, como o Sr. estava certo ao proclamar a milhares de anos atrás: "Todos os dias do oprimido são maus, mas um coração feliz é uma festa contínua" (Pr. 15,15)!

Palavra do bom Pai: Risque suas frases negativas, como "tudo está mal" ou "comigo nada dá certo"! Não se esqueça de que só a atitude mental positiva lhe pode trazer o sucesso que espera!

Você: Bom Pai, eu sei que o otimismo vai provocar em mim a beleza do meu bem-estar e empurrar minha saúde para cima. Não permita que eu dramatize meus erros, pois até eles podem se transformar em degrau muito importante para o meu aprendizado!

Palavra do bom Pai: Então, para ser realmente otimista, que tal começar enfrentando as situações mais fáceis de serem controladas, procurando entender e aceitar as situações mais complicadas? E se encontrar um trabalho que não lhe agrada? Procure nele o que nele há de bom e de gostoso, para que ele se transforme em fonte de prazer. Mais uma coisa eu lhe peço: Em seu otimismo, não vá dormir sem antes descobrir, pelo menos, três fatos lindos ou gostosos que lhe encantaram aquele dia!

Você: Tudo isso é fantástico. Não é a toa que Jesus, provocando o meu otimismo, assim me pediu: "Não se perturbe o seu coração! Creia em Deus! Creia também em mim!" Ó minha alma, "entregue-se ao Senhor e Ele a sustentará! Confie os seus cuidados ao Senhor e Ele a susterá!"(Sl 55).

 Oração final (veja no final da novena)

8º dia – Estratégia para que tudo dê certo em sua vida: elogie!

Oração inicial (veja no início da novena)

Palavra do bom Pai: Meu filho, porque eu amo você, eu quero que sua vida seja vivida de maneira sempre melhor. E para que ela melhore há um pequeno segredo desconhecido por muitos: **O poder do elogio**. Se você elogia é porque seu coração está cheio de luz e de bondade. Já percebeu que a pessoa mal-humorada e perfeccionista tem poucos amigos?

Você: Isto é verdade. Deixe-me, então, elogiar o Sr.! "Com o Sr. está a fonte da vida e através de sua luz vemos luz" (Sl 36,10). Amém. Mas, por que é tão importante elogiar também os outros?

Palavra do bom Pai: Como o elogio se transforma em alavanca, fazendo seu irmão crescer sempre mais! Como Jesus sabia elogiar o povo, chamando-o de luz do mundo e sal da terra! Me diga, quem permanece indiferente diante de um elogio?

 Oração final: Bom Pai, já que o elogio traz tanto bem, faça-me atencioso para com bons e maus! Hoje mesmo começo a pôr em prática o seu pedido, elogiando e alegrando os que me cercam! Amém.

9º dia – Estratégia para que tudo dê certo em sua vida: descubra seus valores!

Oração inicial (veja no início da novena)

Palavra do bom Pai: Filho, se eu envio o sol até para os maus; se eu envio a chuva até para os injustos, saiba que sobre todos os meus filhos eu despejo carradas de qualidades boas e abundância de dons. Também sobre você. Por isso, cante como minha mãe cantou: "Desde agora vão me felicitar todas as gerações, porque o Poderoso fez em mim grandes coisas" (Lc 1,48-49).

Tarefa do dia (Execute esse exercício agora e repita-o muitas vezes durante sua vida) – *Olhe no espelho e não tenha medo de descobrir a beleza de seu sorriso, o brilho de seus olhos e tudo de belo que Deus colocou em você! Descubra suas boas qualidades e dons, para se valorizar. Descubra também seus defeitos, para ir se corrigindo.*

Palavra do bom Pai: Ó meu bem, descobriu você com quantas coisas lindas eu enriqueci você? Mas, por favor, não caia na tentação de querer fazer tudo na perfeição! Faça simplesmente o melhor que puder! E se não der certo e errar? Muito simples: corrija, pois os próprios erros se transformam em ocasião para subir mais alto. Então, cheio de fé, acredite em seu êxito! Por isso, repita muitas vezes: "O amor do bom Pai me encheu de muitos dons para me conduzir à plena vitória".

Você: Bom Pai, cheio de alegria, eu louvo o Sr. por tantas qualidades que o Sr. me deu. Se o Sr. me ama, dando-me tudo isso, como é que eu não haveria de amar a mim mesmo? Se algum defeito existe em mim, por que não me aceitar, se minhas boas qualidades são muito maiores que ele?

Palavra do bom Pai: Se é verdade que você se ama, jogue fora suas culpas, perdoando a si mesmo. Procure viver sua religião de modo fiel e fervoroso e repita muitas vezes: "O amor de meu Deus afastou de mim os meus pecados, como o Oriente está afastado do Ocidente" (cf. Sl 103).

Você: Bom Pai, que história linda a do Filho Pródigo que fala de sucesso de quem estava na pior! Se Jesus morreu para me perdoar, quem sou eu para negar o perdão a mim mesmo? Por isso, eu lhe declaro: "EU PERDOO A MIM MESMO". Que bom! Glória ao Sr.! Estou cheio de paz, pleno de esperança e de alegria, pois vou ser vencedor. Assim, se as estrelas parecerem muito longe de mim, nada vai me impedir transformar-me em luz para quem sofre ao meu lado.

Caso meu caminho parecer triste, mesmo assim vou poder levantar os caídos e eles vão me acompanhar em minha caminhada. Agora sim, revestido de otimismo, louvando o Sr. e cada um de meus irmãos, vivendo o "aqui e agora", vou subir alegre os degraus do sucesso. Vou bendizer ao Sr. em todo o tempo, seu louvor vai estar sempre em minha boca! Amém. Aleluia!

Oração final (veja no final da novena)